CCSS **Género** Texto expositivo

 Pregunta esencial
¿Por qué es importante el trabajo en equipo?

MW01050382

En busca de SUE

Susan Evento

Capítulo 1
El poderoso T. rex

Los *Tyrannosaurus rex* eran animales enormes y feroces que caminaban en dos patas. Dominaron la Tierra hace millones de años. ¿Cómo lo sabemos?

Los primeros huesos de T. rex se hallaron alrededor de 1900. Luego se encontraron más partes de **esqueletos** de T. rex. Se hicieron investigaciones científicas sobre estos **fósiles**. En 1990, los científicos hicieron un apasionante nuevo descubrimiento que les permitió aprender más sobre estos dinosaurios.

Tyrannosaurus rex significa "el rey de los lagartos tiranos".

Sue hizo su descubrimiento al final de la exploración.

En 1990, Sue Hendrickson formaba parte de una exploración en busca de fósiles en Dakota del Sur. Un día, Sue salió a caminar con su perro, Gypsy, hasta unos acantilados cercanos. Aún no habían investigado esa zona.

Sue encontró unos pocos huesos pequeños en el suelo. Luego divisó algunos huesos enormes que sobresalían del acantilado. Sue se acercó. Vio huesos de columna vertebral y el hueso de una pierna. Notó que los huesos eran huecos. Esto significaba que provenían de un dinosaurio carnívoro. Ella sabía que el T. rex había vivido en esta parte de América del Norte. Sue estaba entusiasmada con su importante descubrimiento.

Capítulo 2

La excavación

Sue y algunos otros **paleontólogos** y buscadores de fósiles comenzaron a excavar en esos acantilados de arenisca. No usaron máquinas porque no querían dañar los huesos. En cambio, Sue y su equipo usaron picos y palas para sacar la tierra y la roca. Tras cinco días de trabajo en equipo, llegaron a los huesos enterrados a 30 pies de profundidad.

Los buscadores de fósiles pasan horas inspeccionando rocas para encontrar fósiles.

La enorme mandíbula de Sue tiene dientes puntiagudos de hasta 12 pulgadas.

Luego, Sue y los demás buscadores de fósiles tuvieron que trabajar con más cuidado. Usaron herramientas más pequeñas, incluso cuchillos y cepillos. Siguieron encontrando huesos. Algunos eran enormes. ¡El cráneo tenía casi cinco pies de largo! Los buscadores hallaron casi todos los huesos. La mayoría estaba en excelente estado. Los que corrían riesgo de quebrarse fueron pegados. ¡El equipo de Sue pudo desenterrar todos los huesos en solo 17 días!

Los buscadores llamaron Sue a este T. rex. Lo llamaron así en honor a la mujer que lo encontró. Sin embargo, los científicos aún no saben si era macho o hembra.

Los excavadores tomaron fotografías y videos mientras excavaban. Numeraron los huesos y tomaron notas. Calcaron el tamaño real de cada hueso en un papel. Luego, podrían montar los huesos para armar el esqueleto. Muchos de los huesos estaban en la misma posición que hace millones de años, cuando Sue murió. Algunos, sin embargo, estaban mezclados. Unos pocos huesos faltaban.

Los buscadores de fósiles deben trabajar con cuidado para desenterrar huesos.

¿Lo sabías?

Los huesos de Sue tienen varias lesiones. Los del cráneo muestran una lesión en la cabeza. El hueso de una pierna muestra signos de que se quebró y luego se curó. Algunos huesos de la cola también se quebraron. Probablemente, Sue vivió una vida arriesgada y luchó con otros dinosaurios.

Los excavadores no quisieron separar el cráneo de los huesos de la cadera en el **sitio** donde trabajaban. Dejaron la roca que rodeaba los huesos para evitar que se quebraran. Con cuidado, extrajeron todos estos huesos y rocas juntos en un gran trozo.

Cubrieron los fósiles con capas de papel de aluminio y luego con una tela empapada en yeso. Al secarse, el yeso se endurece. Protege los huesos de la misma manera que un yeso protege el hueso roto de una persona.

Durante varios años, hubo disputas acerca de quién tenía el derecho sobre los huesos de Sue. Finalmente, los huesos de Sue hallaron su hogar. Fueron llevados al Field Museum de Chicago, Illinois.

Los excavadores numeraron el yeso para luego recordar dónde encontraron cada pieza.

Capítulo 3
En el museo

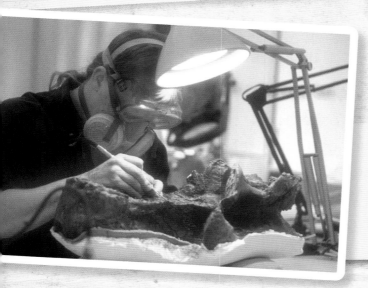

Se tardó más de 3,500 horas en limpiar el cráneo de Sue.

Todavía faltaba mucho trabajo para preparar los huesos de Sue para la exhibición. Se limpiaron y estudiaron más de 250 huesos.

Primero, los trabajadores quitaron el papel de aluminio y el yeso. Luego quitaron la roca que rodeaba los huesos. Al principio, usaron martillos neumáticos pequeños. A medida que se fueron acercando al hueso, cambiaron a herramientas más pequeñas. Incluso emplearon pinceles y cepillos de dientes. Finalmente, usaron una pequeña pulidora para quitar las partículas de roca más chicas. Cuando los huesos quedaron limpios, estaban listos para el siguiente paso.

El equipo usó un **tomógrafo** para tomar **radiografías** del interior de los huesos. El gran cráneo de Sue no cabía en el tomógrafo. El equipo lo envió a un lugar donde se escanean partes de aviones para detectar problemas. ¡El cráneo de Sue entró justo!

El museo recibió casi 800 imágenes del cráneo de Sue. Cada imagen era como un corte de una radiografía. Cada una podía observarse en forma separada. Los cortes también podían juntarse y verse en 3D. ¡Mirarlos así es como viajar por dentro del cráneo de Sue!

Esta es una imagen del cráneo de Sue tomada por el tomógrafo.

Preparar el esqueleto de un dinosaurio para exhibirlo es un gran desafío. Primero, el equipo reparó las rajaduras de los huesos con un pegamento especial. También se usó un material similar a la plastilina para reparar las partes faltantes de los huesos. A Sue le faltaba un brazo, un pie y algunas vértebras. Los trabajadores usaron los huesos que tenían para hacer modelos de los huesos que faltaban.

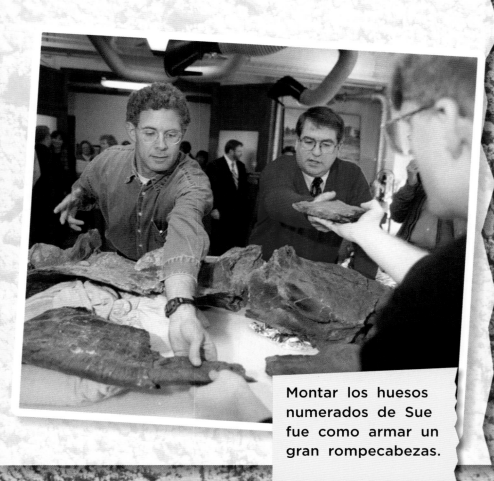

Montar los huesos numerados de Sue fue como armar un gran rompecabezas.

Los trabajadores también hicieron moldes de cada hueso. De esta manera, distintas copias del esqueleto completo podrían exhibirse en otros lugares. Luego, los trabajadores realizaron la enorme tarea de montar todas las piezas.

Preparar un esqueleto para una exhibición puede tomar miles de horas.

Detective del lenguaje

Halla un adjetivo demostrativo en esta página.

Los trabajadores necesitaron un marco de acero especial para sostener los huesos. El cráneo de Sue era demasiado pesado para ser colocado arriba de todo. Hicieron una copia de plástico más liviana. Colocaron el cráneo verdadero en una caja especial en el piso de arriba. ¡Parece como si su propio cráneo la estuviera mirando!

El cráneo de Sue es demasiado grande y pesado para levantarlo con facilidad.

Detective del lenguaje ¿Puedes hallar un adjetivo posesivo en esta página?

Aún no sabemos por qué el T. rex tenía brazos tan pequeños. Sí sabemos que eran fuertes. Los científicos saben esto porque los enormes músculos de los brazos dejaron marcas en los huesos del brazo de Sue. Las imágenes del tomógrafo también muestran que el T. rex tenía algunos huesos en las mismas posiciones que las aves. Esto podría significar que las aves de hoy son parientes del T. rex.

¿Qué hemos aprendido de Sue? Medía unos 41 pies de largo y unos 12 pies desde la cadera hasta la cabeza. Pesaba alrededor de 9 toneladas. Y murió cuando tenía alrededor de 28 años.

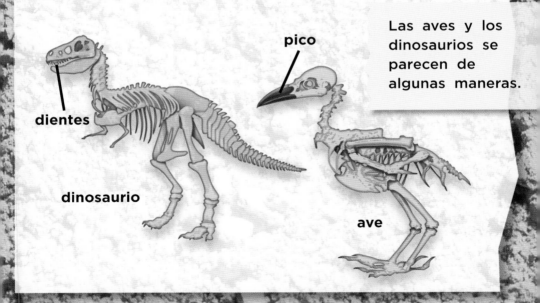

pico

dientes

dinosaurio

ave

Las aves y los dinosaurios se parecen de algunas maneras.

Sue mira a los visitantes en el Field Museum de Chicago.

Casi 10 años después de su descubrimiento, Sue finalmente fue exhibida en el Field Museum. Millones de personas ya la han visitado.

Sue es el T. rex más grande que se haya encontrado. Sus fósiles son los más completos y mejor conservados. Hemos aprendido mucho como resultado de estudiar a Sue.

A medida que se descubren nuevos huesos, aprendemos más sobre los dinosaurios. Cada hallazgo nos ayuda a entender mejor el pasado y cómo han cambiado los animales a lo largo del tiempo.

Respuesta a la lectura

Resumir

Usa detalles importantes para resumir *En busca de Sue*.

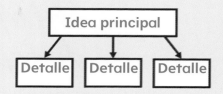

Evidencia en el texto

1. ¿Cómo sabes que *En busca de Sue* es un texto expositivo? GÉNERO

2. ¿Cuál es la idea principal de la página 9? ¿Cuáles son algunos de los detalles clave? IDEA PRINCIPAL Y DETALLES CLAVE

3. Usa lo que sabes de raíces griegas para averiguar el significado de *dinosaurio* en la página 3. RAÍCES GRIEGAS Y LATINAS

4. Escribe sobre qué deben hacer los buscadores de fósiles para preparar los huesos. Incluye detalles sobre la preparación. ESCRIBIR SOBRE LA LECTURA

Compara los textos
Lee sobre cómo los exploradores trabajan en equipo.

¡Antiguo barco descubierto!

En 2010, un increíble descubrimiento tuvo lugar en la Ciudad de Nueva York. Una máquina estaba excavando en el terreno del nuevo World Trade Center. De pronto, golpeó contra algo duro. ¡Era el casco de madera de una antigua embarcación!

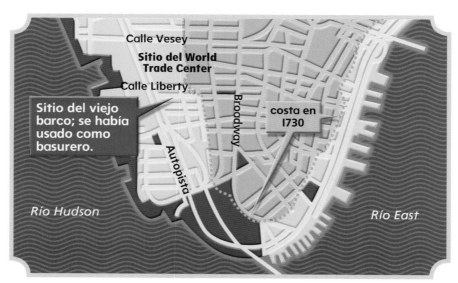

Calle Vesey

Sitio del World Trade Center

Calle Liberty

Sitio del viejo barco; se había usado como basurero.

Broadway

costa en 1730

Autopista

Río Hudson

Río East

Los trabajadores hallaron un antiguo barco a 20 pies de profundidad en Manhattan.

Los científicos midieron y rotularon los objetos que encontraron en el antiguo barco.

Los científicos se apuraron a llegar al lugar. No necesitaron equipos buceadores ni trajes especiales, pero sí era necesario desenterrar la nave lo más rápido posible. El aire pronto arruinaría la madera. Mucha gente ayudó a transportar a mano partes del barco. Estas partes fueron enviadas al lugar donde serían estudiadas.

Los científicos estudiaron una moneda y una hebilla de zapato halladas en el barco.

Los científicos estudiaron los anillos en la madera del barco para determinar cuándo se había construido. Creen que fue entre 1770 y 1780. Es probable que transportara productos para la venta, tal vez por el río Hudson.

Los científicos esperan descubrir más sobre este misterioso barco al examinar los objetos que se hallaron en el lugar.

Haz conexiones

¿Cómo ayudó el trabajo en equipo a revelar los fósiles de Sue? PREGUNTA ESENCIAL

Nombra dos maneras como los científicos en ambos textos protegen los objetos que encuentran y estudian. EL TEXTO Y OTROS TEXTOS

Glosario

esqueleto estructura de huesos que soporta y protege el cuerpo de un animal *(página 2)*

fósil restos endurecidos de animales o plantas que vivieron hace mucho tiempo *(página 2)*

paleontólogo científico que estudia restos fósiles *(página 4)*

radiografía fotografía del interior del cuerpo *(página 9)*

sitio área o terreno exacto *(página 7)*

tomógrafo máquina que toma radiografías del interior de cuerpos u objetos *(página 9)*

Índice

Enfoque:
Ciencias

Propósito Descubrir cómo el trabajo en equipo te ayuda a explorar

Paso a paso

Paso 1 Piensa en alguna vez que hayas trabajado con otros para explorar un lugar o una cosa.

Paso 2 Crea una tabla como esta.

Miembros del equipo	Función	Cómo ayudó el miembro

Conclusión Comparte tu tabla con la clase. Comenta qué investigaste y cómo trabajar en equipo hizo más fácil el trabajo. Describe de qué manera ayudó cada miembro del equipo. Comparte lo que aprendiste.